GUÍA DE LECTURA

Escrita por Natalia Torres Behar

La familia de Pascual Duarte

de Camilo José Cela

CAMILO JOSÉ CELA

PROSA BRILLANTE Y DESCARNADA

- **Nacido en 1916 en la provincia de La Coruña (España)**
- **Fallecido en 2002 en Madrid (España)**
- **Funciones destacadas:**
    - Miembro de la Real Academia Española de la Lengua
- **Premios literarios:**
    - Premio Príncipe de Asturias de las Letras (1987)
    - Premio Nobel de Literatura (1989)
    - Premio Cervantes (1995)
- **Algunas de sus obras:**
    - *La familia de Pascual Duarte* (1942), novela
    - *Viaje a la Alcarria* (1948), libro de viajes publicado
    - *La Colmena* (1951), novela
    - *Mazurca para dos muertos* (1983), novela

Camilo José Cela es uno de los escritores españoles más importantes del siglo XX. Su éxito como novelista fue rápido y brillante y su obra literaria extensa; abordó todos los géneros: la poesía, los libros de viajes, el ensayo, las memorias, los artículos periodísticos, el cuento y la novela. Entre sus logros más grandes estuvieron el ser miembro de la Real Academia Española de la Lengua y el recibir, en 1987, el premio Príncipe de Asturias de las Letras, en 1989, el Premio Nobel de Literatura y en 1995, el premio Miguel de Cervantes.

Cela nació el 11 de mayo de 1916 en Iria Flavia, provincia de La Coruña, España. Su estrecha relación con el lenguaje comenzó en sus últimos años de bachillerato, cuando enfermó de tuberculosis y fue internado en el sanatorio de Guadarrama donde pasó tres años leyendo a autores como Ortega y Gasset. Esta experiencia la utilizaría años después para darle forma a su novela *Pabellón de reposo* (1943). En 1934 inició sus estudios en medicina, pero los abandonó para asistir de oyente a las clases de Literatura Española Contemporánea del poeta Pedro Salinas en la nueva Facultad de Filosofía y Letras de la Universidad Complutense de Madrid. De él recibe comentarios sobre los poemas que más tarde formarían parte de su primer poemario: Pisando la dudosa luz del día. Poemas de una adolescencia cruel (1945). A partir de ahí comenzó su carrera literaria la cual ascendería de forma rápida con la publicación de su primera novela La familia de Pascual Duarte (1942), cuya segunda edición sería censurada por la Iglesia.

Adicionalmente, su relación con otros escritores da cuenta

de lo contradictorio de su carácter; aunque Cela concibió la escritura como un acto de libertad y de rompimiento, lo cual es evidente en el estilo narrativo de cada una de sus obras, caracterizadas por ser una «equilibrada aleación de humor, ternura, horror, desenfado verbal y léxico escatológico» (Rodríguez Santerbás, 1970), su relación con otros escritores daba cuenta de una posición radicalmente opuesta. Aunque Cela creó la editorial Alfaguara en la que se publicaron sus obras y las de otros muchos autores del momento, su connivencia con el régimen hizo que muchas veces sugiriera sobornar a ciertos autores, disidentes en apariencia, para que al favorecerlos, o al hacerles contratos de edición en alguna editorial, se los «domesticara» y obligara a colaborar con el franquismo.

Cela murió el 17 de enero de 2002 a causa de un paro cardíaco. Sus últimas palabras fueron: «¡Viva Iria Flavia!»

LA FAMILIA DE PASCUAL DUARTE

UN RETRATO DESCARNADO Y SOMBRÍO DE LA EXTREMADURA RURAL

- **Género:** novela
- **Edición de referencia:** Cela, Camilo José. 2007. *La familia de Pascual Duarte*. Bogotá: Espasa Calpe
- **Primera edición:** 1942
- **Temáticas:** odio, violencia, determinismo, censura y catarsis

La familia de Pascual Duarte, publicada en 1942, es la primera novela de Camilo José Cela y la que impulsó su reconocimiento literario por parte de la crítica y del público. El relato se desarrolla en la Extremadura rural de antes de la Guerra Civil, y ofrece la transcripción de las memorias de Pascual Duarte, un asesino que espera su ejecución en el pabellón de los condenados a muerte en una cárcel de Badajoz. Sin embargo, la forma en que el protagonista cuenta su historia, colmada de episodios de la más cruda violencia, hace que el lector sienta empatía con el campesino que trata de abrirse camino entre el odio y la miseria hasta finalmente sucumbir ante las circunstancias que lo rodean. *La familia de Pascual Duarte* inauguró un nuevo estilo de técnica narrativa, el «tremendismo», que habría de caracterizar a la novela española de la década de 1940.

RESUMEN

Como explicaremos más adelante, *La familia de Pascual Duarte* se estructura a partir varias capas de narración. La primera, la más externa, es la del transcriptor, que como coraza contiene a la segunda, la de don Joaquín Barrera López, y esta a su vez contiene a la tercera y cuarta, las de Pascual Duarte, que constituyen el núcleo de la novela y a las que dedicaremos nuestra atención en este apartado.

El manuscrito de las memorias de Pascual Duarte se compone de diecinueve capítulos, sin embargo, es importante decir que la reconstrucción de la vida del protagonista no se nos presenta como una narración terminada, debido a que otros personajes intervienen en ella, como el transcriptor, a quien le «pareció más conveniente la poda que el pulido» (Cela 2007, 16). Así pues, es deber del lector tratar de reunir los «pedazos», dispersos entre el manuscrito y las notas del transcriptor, para de alguna manera entender cuál fue la suerte del protagonista.

LA INFANCIA Y JUVENTUD DE PASCUAL

Debido a que Pascual comienza la narración de su vida en orden cronológico, comenzaremos por la infancia del protagonista. Duarte nació en un pueblo olvidado de la provincia de Bajadoz, en un ambiente de extrema pobreza: «De mi niñez no son precisamente buenos recuerdos los que guardo» (Cela 2007, 33). De niño fue brutalmente golpeado por sus padres y constantemente veía las peleas entre ellos, las cuales adjudicaba a su poca educación y falta de virtudes.

Así pues, desde temprana edad, Pascual estuvo expuesto a un clima de violencia que de alguna manera consideraba «natural» pues «estamos destinados unos a un lado y los otros a otro, procuraba conformarme con lo que me había tocado» (Cela 2007, 36).

La infancia de Pascual mejora un poco con el nacimiento de su hermana Rosario, quien habría de ser su única verdadera amiga. Ella era la única que podía calmar los ataques de ira del padre, por lo cual los episodios de violencia doméstica disminuyeron hasta que Rosario, al crecer, comenzó a robar, beber y a prostituirse por influencia de Paco López, el Estirao, con quién Pascual siempre tendría problemas y quien sería, más adelante, su primera víctima.

Otro episodio que marcaría la juventud de Pascual es la muerte de su hermano menor, Mario, quien nació enfermo. Debido a que él no podía ni hablar ni caminar, Mario creció en medio del abandono y del maltrato: se arrastraba por el suelo entre las gallinas y los cerdos, llorando y aullando; comía las sobras que le echaban y siempre estaba tan sucio que todos evitaban acercársele por asco. Cuando Mario muere ahogado en una tinaja de aceite, la madre no llora por el niño y Pascual comienza a odiarla por eso: «...y tal odio llegué a cobrar a mi madre, y tanta prisa habría de crecerme, que llegué a tener miedo de mí mismo (...) no hay peor odio que el de la misma sangre» (Cela 2007, 53-54).

EL MATRIMONIO CON LOLA Y EL PRIMER ASESINATO

Tras el humilde entierro de Mario, Pascual inicia una relación con Lola y deciden casarse cuando ella queda embarazada. En ese momento, parecería que la vida de Pascual da un giro radical y que hay un espacio para la esperanza y para una vida mejor: «¡Ay, tiempos aquellos en que aún quedaban instantes en que uno parecía sospechar la felicidad, y qué lejanos me parecéis ahora!» (Cela 2007, 70); sin embargo, al regreso de la luna de miel, Pascual hiere a un compañero al darle tres navajazos y esa misma noche Lola tiene un aborto debido a que cae de la yegua en la que habían montado durante el viaje. De ahí en adelante las cosas comienzan a empeorar, la pérdida del primer bebé hace que Pascual dude de su matrimonio con Lola, no obstante, un año después ella queda embarazada nuevamente y aunque Pascual se vuelve huraño y hosco por la angustia que le hace sentir el nacimiento de su segundo hijo, una vez Pascualillo nace, la vida de los nuevos padres se llena de felicidad y de grandes planes para su pequeño hijo. Sin embargo, una vez más parece que el destino está en contra del protagonista, pues el bebé muere a los once meses a causa de una gripe: «Nuestra ilusión, todo nuestro bien, nuestra fortuna entera que era nuestro hijo, habíamos de acabar perdiéndolo antes de poder probar encarrilarlo» (Cela 2007, 84). La muerte de Pascualillo hunde a la familia, sobre todo a Pascual, quien se empieza a aislar progresivamente y a pelear frecuentemente con su madre y con Lola, hasta que por fin decide abandonarlas e irse del pueblo.

Pascual compra un pasaje en tren a Madrid, pues su idea es comenzar una nueva vida en América. Al llegar a la capital pasa un tiempo en casa de Ángel Estévez y de su esposa, Concepción, cuya rutina cotidiana y manera de resolver los problemas le hacen pensar a Pascual sobre las diferencias entre la vida en el campo y en la ciudad, especialmente en lo que se refiere al uso de la violencia: «¡Así da gusto! Si los hombres de campo tuviéramos las tragaderas de los de las poblaciones, los presidios estarían deshabitados como islas» (Cela 2007, 107). Para continuar con su viaje, Pascual se dirige a La Coruña para allí tomar el barco que lo llevaría a América. Sin embargo, se da cuenta de que llevar a cabo su plan será imposible debido a que no cuenta con el dinero suficiente para comprar el pasaje. Como no quiere volver, pasa un año y medio realizando diversas labores para poder mantenerse.

Sin embargo, al cumplir los dos años fuera, Pascual empieza a sentir nostalgia y decide regresar a su hogar, pero se da cuenta de que la situación ha cambiado. Lola lo recibe con cariño, pero le confiesa que está embarazada y ante la pregunta por el padre del niño, ella empieza a sentirse muy mal: «Estaba pálida como nunca, desencajada; su cara daba miedo... la mimé contra mi hombro, comprensivo de lo mucho que sufría, como temeroso de verla desfallecer a mi pregunta» (Cela 2007, 114) y muere súbitamente, pero antes le confiesa que el hijo es del Estirao. Pascual sale a buscarlo y lo estrangula hasta matarlo.

EL SEGUNDO MATRIMONIO Y LA MUERTE DE LA MADRE

Debido a lo anterior, Pascual pasa un tiempo en la cárcel, en donde trabaja como zapatero en el taller del penal. Sin embargo, reducen su condena a tres años por buen comportamiento y lo liberan pues no representa un verdadero peligro para la sociedad. Así, Pascual regresa a su casa, ante la indiferencia de todos, especialmente de su madre: «Estoy por asegurar que mi madre hubiera preferido no verme. Los odios de otros tiempos parecían como querer volver a hacer presa en mí» (Cela 2007, 131).

Al poco tiempo, Pascual conoce a su segunda esposa, Esperanza, por intermediación de Rosario, quien sigue prostituyéndose. Sin embargo, pronto la pareja empieza a tener problemas por causa de su madre, quien intenta de todas las formas envenenar la nueva relación. Esperanza le propone a Pascual mudarse a otro lugar y comenzar de nuevo, pero es muy tarde pues Pascual tiene una idea fija en la cabeza; matar a su madre: «La idea de la muerte llega siempre con paso de lobo... Avanza, fatal, incansable, pero lenta, despaciosa, regular como el pulso» (Cela 2007, 140).

Pascual planea el asesinato y lo lleva a cabo, ante los ojos de Esperanza quien lo mira pálida como un fantasma. Para él su madre es tan solo un enemigo: «La conciencia no me remordería; no habría motivo» (Cela 2007, 142) y su muerte trae a Pascual una sensación de alivio y de libertad: «Podía respirar...» (Cela 2007, 145).

El resto de la historia de Pascual es incierta y va de la mano del transcriptor quien también nos cuenta que parte del manuscrito se perdió en la farmacia de Almendralejo, donde fue encontrado. Sabemos que Pascual fue encarcelado por el crimen contra su madre, pero también se nos revela que hubo un tercer asesinato, del señor don Jesús González de la Riva, del cual no tenemos más pruebas que la dedicatoria de la novela y la primera nota del transcriptor quien nos cuenta que este sucedió durante los quince días de revolución que pasaron sobre el pueblo. Al parecer este es el que condena a Pascual a la pena capital y esto es lo único que al final sabemos del protagonista: que muere pensando que cumplió su destino en la Tierra.

ESTUDIO DE LOS PERSONAJES

PASCUAL DUARTE

Pascual es el autor del manuscrito y el protagonista de la novela. Escribe sus memorias a la edad de cincuenta y cinco años desde la celda de una cárcel, mientras espera su ejecución. Debido a que su escrito ha sido intervenido por otros personajes y parte de él se perdió, desconocemos cuánto tiempo vivió después de escribirlo, así como tampoco sabemos los motivos del crimen por el que fue condenado, aunque sabemos que se trata de su tercer asesinato.

La vida de Pascual está llena de episodios crudos. Nace y se cría en un pequeño pueblo extremeño en un ambiente de pobreza, violencia doméstica y de alcoholismo que considera es su destino natural porque «...no nos es dado escoger, sino que ya —y aun antes de nacer— estamos destinados unos a un lado y otros a otro, procuraba conformarme con lo que me había tocado, que era la única manera de no desesperar» (Cela 2007, 36). Sin embargo, por más que Pascual lo intente, este entorno tiene un impacto directo en su personalidad y en su manera de actuar, pues el ambiente mísero que lo rodea, la falta de cariño y las provocaciones de sus familiares y amigos, especialmente de su madre, terminan haciéndolo un hombre huraño y temperamental que actúa de manera violenta sin medir las consecuencias. Es así como Pascual se convierte en un asesino y ve en el acto de matar una forma de liberación y de retaliación.

A pesar de lo anterior, Pascual inicia el texto de sus memorias con una declaración contundente: «Yo, señor, no soy malo, aunque no me faltarían motivos para serlo» (Cela 2007, 26) y tal vez es por este sentimiento que se decide a escribir, pues encuentra en la escritura una forma de catarsis y de reflexión. Es así como vemos a lo largo de la novela bastantes episodios en los que Pascual demuestra ser un hombre compasivo y capaz de sentir amor, por ejemplo en el trato que mantiene con sus hermanos Mario y Rosario o en el cariño que siente por su hijo Pascualillo:

> «Yo algunas veces me quedaba mirando como un inocente para Pascualillo, y los ojos a los pocos minutos se me ponían arrasados por las lágrimas; le hablaba.
> –Pascual, hijo...
> Y él me miraba con sus redondos ojos y me sonreía» (Cela 2007, 84).

Pero parece como si la vida siempre se pusiera en su contra en los momentos cuando siente que puede ser feliz. Por eso es importante aclarar que con su escrito Pascual no busca la redención sino más bien justificar por qué nunca pudo enderezar su camino, como si de alguna manera él fuera el protagonista de una tragedia griega, quién debía cumplir una cita inexorable con su destino.

ROSARIO

Es la hermana menor de Pascual y su única amiga y confidente; de hecho Pascual se refiere a ella como: «...el único afecto sincero que en mi vida tuve» (Cela 2007, 129). A pesar de que llegó al mundo débil y enfermiza, poco a poco se fue reponiendo y cobrando fuerzas hasta convertirse en una hermosa mujer «más avisada que un lagarto» (Cela 2007, 41) y que «si bien no era tonta, más hubiera valido que lo fuese; servía para todo y para nada bueno» (Cela 2007, 41). Rosario se dedicó a robar, a beber y posteriormente a prostituirse cuando conoció a el Estirao, quien además de ser su pareja era su proxeneta.

Sin embargo, Rosario es también una mujer llena de cualidades. A lo largo de la novela, es posible evidenciar que es inteligente, pues sabe manejar a sus padres para impedir los gritos y peleas en el hogar; es generosa, pues de vez en cuando le manda a su familia ropa de navidad o de cumpleaños, y es valiente y compasiva, pues ayuda a su hermano Mario cuando el amante de la madre, don Rafael, lo patea y lo deja casi inconsciente.

LA MADRE DE PASCUAL

A pesar de que no se nos revela nunca su nombre, la madre de Pascual es de los pocos personajes en la novela que realmente cuenta con una descripción física:

> «era larga y chupada y no tenía aspecto de buena salud, sino que, por el contrario, tenía la tez cetrina y las mejillas hondas y toda la presencia o de estar tísica o de no andarle muy lejos; era también desabrida y violenta, tenía un humor que se daba a todos los diablos y un lenguaje en la boca que Dios le haya perdonado, porque blasfemaba las peores cosas a cada momento y por los más débiles motivos. Vestía siempre de luto y era poco amiga del agua» (Cela 2007, 34).

Además, sabemos que es analfabeta y alcohólica y sobre

todo, que parece carecer de instintos maternales, pues en vez de hacer la vida de sus hijos más llevadera, su comportamiento demuestra todo lo contrario; es violenta y siempre tiene lista una burla o un comentario hiriente. Son muchos los momentos que Pascual relata, en los que ella es despiadada, por ejemplo, cuando Mario muere y ella no llora, o cuando Pascual vuelve de la cárcel y lo único que ella dice al verlo por primera después de tres años es «¿Qué quieres?» (Cela 2007, 131).

La madre muere degollada por Pascual, quien llevaba planeando su asesinato desde hacía meses y que un día vio la oportunidad perfecta para vengarse de todo lo que ella les había hecho a él y a sus hermanos.

MARIO

El hermano menor de Pascual, sin embargo, en el libro se sugiere que no son hijos del mismo padre, sino que Mario es hijo de don Rafael. Nace con un retraso mental que impide que pueda hablar o caminar, esto hace que su vida sea aún más difícil debido a las condiciones de ignorancia y pobreza en las que vive su familia. Los diez años que alcanzó a vivir estuvieron marcados por el abandono y la enfermedad.

Le da sarampión y las mordidas de un cerdo hacen que pierda ambas orejas; además es víctima del maltrato de sus padres. Mario muere ahogado en una tinaja de aceite, este episodio es uno de los que más conmueve a Pascual y el que inicia la cadena de odio hacia su madre, que como sabemos lleva al asesinato de esta.

LOLA

La primera esposa de Pascual, quien la describe así:

> «alta, morena de color, negra de pelo, y tenía unos ojos tan profundos y tan negros que herían al mirar; tenía las carnes prietas y como endurecidas de saludable como estaba... Andaba con mucho poder y seguridad y con tanto desparpajo y arrogancia que cualquiera cosa pudiera parecer menos una pobre campesina» (Cela 2007, 56).

Su relación con Pascual es complicada debido a la pérdida de sus dos hijos. Mientras que Pascual se vuelve huraño y tosco, ella se vuelve malhumorada y agresiva, y culpa a su esposo de todo lo que les sucede. Sin embargo, cuando Pascual la abandona y pasa dos años en La Coruña, Lola queda embarazada del Estirao, por lo que piensa que el bebé que espera sí nacerá fuerte a comparación de los de Pascual: «--¡Para esto te di yo dos hijos, que ni el andar de la caballería ni el mal aire en la noche supieron aguantar!» (Cela 2007, 91) y recupera la calma. Cuando Pascual vuelve y ella le confiesa quién es el padre del tercer hijo que espera, muere repentinamente.

CONSIDERACIONES FORMALES

ESTRUCTURA Y MANEJO ESPACIO-TEMPORAL

La familia de Pascual Duarte se compone de varias entregas de escritos, cuyos autores son tres personajes que narran desde tres escenarios y tres espacios temporales diferentes; estos se superponen para dar unidad a la novela. Para entender más fácilmente cómo se estructura la novela es preciso pensar en ella como una caja china, que dentro alberga otra caja similar pero más pequeña y dentro de esta otra igual pero aún más pequeña y así sucesivamente. Sin embargo, una vez las vamos cerrando podemos volver a la caja ancestro. De la misma manera, en *La familia de Pascual Duarte*, existe una historia que sirve como «coraza», y esta a su vez alberga más historias en su interior que se ramifican hasta volver a la primera para dar la novela por terminada.

Los escritos que enmarcan la novela como tal, que como sabemos son las memorias de Pascual Duarte, son también los últimos en escribirse, pues datan de 1942. Se trata de los textos del personaje del transcriptor de quien desconocemos su identidad y quien abre la novela con la «Nota del transcriptor» con la cual se le informa al lector del hallazgo del manuscrito de Pascual Duarte a mediados del año 1939 en una farmacia de Almendralejo y la razón por la cual el personaje decidió publicarlas, con sus respectivas «modificaciones»: «el personaje, a mi modo de ver, y quizá por lo único que lo saco [sic] a la luz, es un modelo de conducta; un modelo no para imitarlo, sino para huirlo...» (Cela 2007, 16).

El transcriptor es a su vez el encargado de cerrar la novela con la sección «Otra nota del transcriptor» que se compone de un texto y de la transcripción de dos cartas. En el texto se relata cómo parte del manuscrito se perdió y dónde se cree que el protagonista pasó sus últimos años, pues el relato del campesino como tal se corta de manera imprevista. Así se nos cuenta que Pascual pasó recluido los años antes de su ejecución (probablemente hasta el año 1935 o 1936) en la prisión de Chinchilla de Monte-Aragón de donde se supondría que debió haber salido si no hubiera sido porque cometió un tercer crimen, el asesinato del señor don Jesús González de la Riva (del cual se desconocen los motivos) durante los quince días de revolución que pasaron sobre su pueblo.

Por su parte, las «dos cartas», la primera dirigida a don Santiago Lurueña, capellán de entonces de la cárcel, y la segunda a don Cesáreo Martín, guarda civil de la cárcel de Bajadoz cuando Pascual estaba preso, tienen como propósito dar un cierre formal a la novela pues en ellas se nos cuenta desde dos perspectivas, la del sacerdote y la del guarda, cómo se comportó Pascual en los momentos previos a su ejecución. En una, la del presbítero, se nos habla de un Pascual que aceptó la muerte con «ejemplar preparación... con un aplomo y una serenidad que a mí me dejaron absorto» (Cela 2007, 150); en la otra, la del guarda, se nos habla de una muerte «corriente y desgraciada» (Cela 2007, 152), pues terminó sus días «escupiendo y pataleando... de la manera más ruin y baja...» (Cela 2007, 152).

Dentro del armazón anteriormente descrito está la segunda «caja», que enmarca las memorias; se trata de la «Cláusula del testamento ológrafo otorgado por don Joaquín Barrera López, quien por morir sin descendencia legó sus bienes a las monjas del servicio doméstico». Este documento, escrito por don Joaquín Barrera López, amigo del asesinado Jesús González de la Riva, a quien Pascual Duarte envió el manuscrito de sus memorias, da la orden de quemar el paquete de papeles sin leerlo y sin demora, por considerarlo «disolvente y contrario a las buenas costumbres» (Cela 2007, 21). Sin embargo, también da opción a la salvación de las memorias del campesino: si pasaban dieciocho meses y el manuscrito no había sido destruido aún, este se habría librado de su destrucción y quien lo encontrase podría disponer de él según su voluntad. Como vimos, efectivamente eso fue lo que hizo el transcriptor.

La tercera «caja» nos acerca más a las memorias en cuestión, es decir, al núcleo de la novela. Se trata de la «Carta anunciando el envío del original» escrita el 15 de febrero de 1937, por el mismísimo Pascual Duarte desde su celda en el pabellón de los condenados a muerte. Se trata de una carta dirigida a don Joaquín Barrera López, autor del testamento anteriormente estudiado, en la que el campesino le expresa, casi en forma de ruego, la importancia de compartir con alguien más lo que ha vivido, y de alguna manera garantizar la publicación de la «pública confesión» (Cela 2007, 17) de su vida, con la cual Pascual pretende limpiar su conciencia y de alguna manera justificar sus actos.

La cuarta «caja», la más pequeña, es también la estructura más compacta y rica: las memorias de Pascual Duarte. El manuscrito está dispuesto en diecinueve capítulos y cuenta adicionalmente con una pequeña dedicatoria «A la memoria del insigne patricio» (Cela 2007, 23) don Jesús González de la Riva, Conde de Torremejía. Se trata del núcleo de la novela y en este están registrados la gran mayoría de los episodios relatados, los que verdaderamente constituyen el argumento. Es curioso pensar cómo este manuscrito, escrito por un pobre campesino, es la razón por la cual los otros personajes, como el transcriptor y don Barrera, decidieron pasar por trabajos y hasta construir un modelo de ética en torno a él.

Tal vez uno de los aspectos más interesantes de *La familia de Pascual Duarte* es precisamente la técnica narrativa que da sostén a la novela y que permite que la historia no tenga que depender de una estructura lineal de los hechos, sino que estos más bien tengan la libertad de moverse entre diferentes voces, espacios físicos y temporales. Un potente recurso que hace de esta una lectura rica y dinámica.

EL TREMENDISMO: UNA VISIÓN DE MUNDO DESCARNADA

La publicación de *La familia de Pascual Duarte*, en 1942, suscitó todo tipo de reacciones entre el público y la crítica. Su narración truculenta y descarnada, así como su visión desolada del mundo contrastaba con el resto de novelas de la época, de corte más triunfalista, lo que causó que la segunda edición fuera censurada por la Iglesia y que inaugurara un nuevo estilo de técnica narrativa, el «tremendismo», que habría de caracterizar a la novela española de la década de 1940.

El tremendismo se evidencia en las páginas de la novela a través de los episodios narrados que se caracterizan por un estilo en extremo violento, realista y descarnado. Estos son un retrato crudo y sombrío de la España rural y una denuncia a la situación política y social del momento:

> «Cuando nos abandonó no había cumplido todavía los diez años, que si pocos fueron para lo demasiado que había de su-

frir (...) le salió un sarampión o sarpullido por el trasero (con perdón) que llegó a ponerle las nalguitas como desolladas y en la carne viva por habérsele mezclado la orina con el pus de las bubas; cuando hubo que curarle lo dolido con vinagre y con sal, tales lloros se dejaba arrancar» (Cela 2007, 50).

Los personajes, a su vez, en el caso de *La familia de Pascual Duarte*, son campesinos que viven en un ámbito de miseria, ignorancia y marginación y este tiene un efecto directo en ellos, los hace crueles y violentos, por ejemplo, en el caso de Pascual, lo convierte en un asesino. Sin embargo, en el lector, este ambiente tiene un efecto opuesto, construye un puente de empatía con el personaje y sirve de vehículo de crítica social. Es así como logramos entender, mediante el recuento de su vida, cómo el personaje se transforma de víctima a verdugo y de verdugo a víctima de nuevo, debido al dolor y al odio.

TEMÁTICAS Y CLAVES DE LECTURA

EL ODIO

El odio es el tema central de la novela y es el catalizador de todas las acciones que suceden en ella, más específicamente de los asesinatos. Debido a que se trata de las memorias de Pascual, nos centraremos en estudiar cómo el sentimiento evoluciona en el protagonista hasta llevarlo a asesinar a su propia madre.

La experiencia de Pascual da cuenta de cómo el odio no es un sentimiento que se desarrolle en un día; más bien, toma su tiempo y va enfermando lentamente al que lo siente, como si se tratara de un cáncer que se va comiendo progresivamente el cuerpo.

La relación de Pascual con su madre nunca fue buena; ella lo maltrataba tanto física como verbalmente cuando era niño y la situación no mejoró cuando él creció. Sin embargo, los sentimientos hacia su madre sí cambiaron a lo largo de su vida; cuando era pequeño trataba de evitarla, sobre todo para no terminar involucrado en las escenas de violencia doméstica, tan comunes en su hogar, pero a medida que fue creciendo el sentimiento que comenzó como una pérdida de respeto y luego de cariño, progresivamente se va transformando en un odio intenso y feroz que lo carcome por dentro y que lo lleva a matar sin sentir remordimiento ni compasión, pues cree que matar a la madre es un acto de justicia y retaliación, pero también de libertad y de alivio.

LA VIOLENCIA

La violencia constituye otra de las constantes de la novela y se evidencia especialmente en las escenas familiares que Pascual describe, así como en los comportamientos que el protagonista tiene con los demás. Sin embargo, es posible decir que son las primeras las que de alguna manera «forman» al protagonista, quien no teniendo otro ejemplo que el de su familia y el del ambiente que lo rodea, su única referencia de cómo solucionar un problema o una discusión, es el uso de la violencia. Un ejemplo de esto sería cuando se narra la pelea que tiene con Zacarías, cuando Pascual se siente aludido por un comentario y sin pensarlo lo apuñala.

EL DETERMINISMO

El determinismo es por decirlo así una de las placas tectónicas de la novela. Se trata de una fuerza que mueve a los personajes a cumplir su destino inexorable. De hecho la narración da cuenta de ello con la afirmación con la que Pascual inicia la novela: «Yo, señor, no soy malo, aunque no me faltarían motivos para serlo» (Cela 2007, 26) y con esto hace referencia al ambiente en que creció, la España rural con sus condiciones de pobreza e injusticia, en la que unos están destinados a vivir una vida agradable y con comodidades y otros una vida de desgracia y de pobreza, mientras les aguarda el mismo fin: la muerte. Es así como desde el inicio sabemos que la vida de Pascual tiene un final miserable, pues nos escribe desde la cárcel, esperando su ejecución.

Durante la narración de las memorias de Pascual nos es

posible evidenciar que al protagonista le duele pensar que el destino humano está escrito de antemano «en el libro de los Cielos» pues esto hace que sea «malo [lo] que la vida me enseñó y mucha mi flaqueza para resistir al instinto» (Cela 2007, 19). Como vemos en el curso de la novela, las actuaciones de Pascual responden a reacciones viscerales que lo llevan a cometer asesinatos. Sin embargo, de alguna manera el protagonista está condenado a repetir siempre los mismos errores como si estuviera atado de ambas manos y como si la única manera que tuviera de lidiar con todo el dolor, la soledad y la rabia fuera con los pequeños actos de libertad, de expresión de sus sentimientos, los asesinatos, que constituyen su propia condena.

LA TENSIÓN ENTRE CENSURA Y CATARSIS

Es curioso pensar que de alguna manera *La familia de Pascual Duarte*, como dice Germán Gullón, «ficcionaliza el pecado original de la Era de Franco: la represión de la palabra» (Gullón 1985), más curioso aún que Cela haya hecho de estos uno de los temas centrales de su primera novela cuando él fue a la vez censor y víctima de la censura.

La censura es ante todo evidente en el personaje del transcriptor de quien no sabemos ni su nombre, pero que se nos presenta como un modelo de conducta de la España de la posguerra. Su juicio es contundente, a pesar de que se esconda tras un «falso» interés investigativo en el destino de Pascual Duarte a quien cataloga como «un modelo de conductas; un modelo no para imitarlo, sino para huirlo» (Cela 2007, 16). Además conoce bien los límites de lo permisible y del buen gusto y cuando la narración se pone muy cruda prefiere censurar, pues considera que aunque el procedimiento priva, evidentemente, al lector de conocer algunos «pequeños detalles —que nada pierde con ignorar—; pero presenta, en cambio, la ventaja de evitar el que recaiga la vista en intimidades incluso repugnantes, sobre las que —repit[e]— [l]e pareció más conveniente la poda que el pulido» (Cela 2007, 15-16). Por el contrario, la catarsis es evidente en la voluntad comunicativa de Pascual quien, a pesar de su falta de educación, está dispuesto a indagar y a explicarse su propia conducta a través de la escritura, en la que encuentra un efecto terapéutico.

La tensión entre la censura y la catarsis, que es a la vez la tensión entre la voluntad de Pascual y la del transcriptor, construye una novela a dos manos que oscila entre episodios de «cortar por lo sano» (Cela 2007, 15) y de «grandes arcadas en el alma» (Cela 2007, 18). Sin embargo, debido a que el «juego» investigativo del trascriptor escamotea las memorias del campesino extremeño, la novela de alguna forma «predestinada» queda incompleta, abierta y es una gran pregunta sin respuesta, pues el lector nunca puede saber a ciencia cierta qué pasó con el protagonista y si su intención inicial de escribir sus memorias como acto de catarsis y de defensa propia se cumplió o no a cabalidad:

> «Me atosigaba, al empezar a redactar lo que le envío, la idea de que por aquellas fechas ya alguien sabía si había de llegar al fin de mi relato, o dónde habría de cortar si el tiempo que he gastado hubiera ido mal medido y esa seguridad de que mis actos habían de ser, a la fuerza, trazados sobre surcos ya previstos, era algo que me sacaba de quicio» (Cela 2007, 18).

PISTAS PARA LA REFLEXIÓN

ALGUNAS PREGUNTAS PARA PROFUNDIZAR EN SU REFLEXIÓN...

- ¿Cuál cree que es el papel de la escritura en la novela? ¿Por qué?
- ¿Cuál es el papel de las mujeres en la novela?
- ¿En qué medida y hasta qué punto se podría decir que esta novela es una metáfora de la guerra civil española?
- ¿Qué características considera usted que han llevado a que esta novela se considere una de las mejores novelas españolas del siglo XX?
- ¿Cuál es la importancia del tremendismo para España?
- ¿En qué sentido se podría decir que Pascual es un antihéroe?
- ¿Qué simboliza este pasaje de la novela? ¿Qué nos permite entrever del destino del protagonista?

«La perra volvió a echarse frente a mí y volvió a mirarme; ahora me doy cuenta de que tenía la mirada de los confesores, escrutadora y fría, como dicen que es la de los linces... un temblor recorrió todo mi cuerpo; parecía como una corriente que forzaba por salirme por los brazos, el pitillo se me había apagado; la escopeta, de un solo caño, se dejaba acariciar, lentamente, entre mis piernas. La perra seguía mirándome fija, como si no me hubiera visto nunca, como si fuese a culparme de algo de un momento a otro, y su mirada me calentaba la sangre de las venas de tal manera que se veía llegar el momento en que tuviese que entregarme; hacía calor, un calor espantoso, y mis ojos se entornaban dominados por el mirar, como un clavo, del animal.

> Cogí la escopeta y disparé; volví a cargar y volví a disparar. La perra tenía una sangre oscura y pegajosa que se extendía poco a poco por la tierra» (Cela 2007, 30-31).

- Pascual escribe sus memorias a la edad de cincuenta y cinco años, cuando está en la cárcel, ¿qué diferencia hay entre lo vivido y lo narrado? ¿podría haber tenido el protagonista una segunda intención cuando las escribió?
- ¿Está de acuerdo con la filosofía de la predestinación expuesta por el personaje a lo largo de la novela?
- ¿Qué considera que simbolizan los hijos en la novela?

¡Su opinión nos interesa!
¡Deje un comentario en la página web de su librería en línea,
y comparta sus favoritos en las redes sociales!

PARA IR MÁS ALLÁ

EDICIÓN DE REFERENCIA

- Cela, Camilo José. 2007. *La familia de Pascual Duarte.* Bogotá: Espasa Calpe.

ESTUDIOS DE REFERENCIA

- Foster, David William. 1967. *Forms of the Novel in the Work of Camilo José Cela.* Columbia: University of Missouri Press.
- Gullón, German. 1985. "Contexto ideológico y forma narrativa en La familia de Pascual Duarte: En busca de una perspectiva lectorial". *Hispania,* vol. 68, n.º 1. Consultado el 15 de julio de 2016. http://www.jstor.org/stable/341587
- Livingstone, Leon. 1982. "Ambivalence and Ambiguity in La Familia de Pascual Duarte". *Spanish Language and Literature.* Consultado el 27 de julio de 2016. http://digitalcommons.unl.edu/modlangspanish/61
- Rodríguez Santerbás, Santiago. 1970. "C.J.C.: Vivir de las rentas". *Revista Triunfo,* n.º 420. Junio. Consultado el 15 de julio de 2016. http://gredos.usal.es/jspui/bitstream/10366/42482/1/RTXXV~N420~P47-48.pdf